본 격 대 결 과 학 실 험 만 화

내일은 실험왕 ④

본격 대결 과학실험 만화

내일은 실험왕 ④ 생물의 대결

글 곰돌이 co. | 그림 홍종현 | 감수 박완규, (주)사이언피아 | 채색 유기선 | 사진 POS 스튜디오, 신재호
찍은날 2007년 8월 17일 초판 1쇄 | 펴낸날 2007년 8월 27일 초판 1쇄
펴낸이 김창식 | 본부장 김상수 | 책임기획 박현미 | 기획·편집 문영, 이영, 최민정, 윤기홍, 박소영 | 디자인 박성영, 이지연 어시스트 김보연
마케팅 황선범, 안형태, 이정균, 천용호, 온재상, 김종수, 정동원 | 홍보 황영아, 김정아, 허인진 | 제작·관리 이영호, 송정훈, 오경신
펴낸곳 대한교과서주식회사 서울시 서초구 잠원동 41-10 편집 02)3475-3920 마케팅 02)3475-3843~4 팩스 02)541-8249 | 홈페이지 http://www.i-seum.com
출판등록 1950년 11월 1일 제16-67호

ISBN 978-89-378-4220-7 77400
ISBN 978-89-378-4228-3(세트)

잘못된 책은 서점에서 바꾸어 드립니다.
값은 뒤표지에 있습니다.

아이세움
i-seum

본격 대결 과학실험 만화

내일은 실험왕 ④

글 곰돌이 co. | 그림 홍종현

아이세움

차례

등장인물

범우주

소속 새벽초등학교 실험반.
관찰 내용
- 궁금한 건 기어코 물어봐야 직성이 풀린다.
- 자신이 진화 중인 천재라고 생각한다.
- 초롱이가 지만이를 좋아한다고 믿고 있다.
관찰 결과 자신이 부족하다는 걸 깨닫고
스스로 공부하기 시작했다!

강원소

소속 새벽초등학교 실험반.
관찰 내용
- 뭔가 숨겨진 비밀이 많다.
- 팬클럽이 있을 정도로 여자 애들에게 인기가 많다.
- 아주 가끔 우주의 생각지 못한 실력에 놀라곤 한다.
관찰 결과 여전히 차갑지만, 우주와 란이, 지만이를
실험반 친구로 인정하며 한층 가까워졌다!

나란이

소속 새벽초등학교 실험반.
관찰 내용
- 마음이 여리고 착하다.
- 우주에겐 천사 같은 존재다.
- 세나를 좋은 친구라고 믿고 있다!
관찰 결과 강원소에 대한 애틋한 마음은
시간이 갈수록 더해 간다!

해지만

소속 새벽초등학교 실험반.
관찰 내용
- 메모를 잘하고 정보 수집 능력이 탁월하다.
- 초롱이가 자신을 좋아한다고 굳게 믿고 있다.
- 초롱이와 더 가까워지기 위해 애를 쓰지만 쉽지 않다.
관찰 결과 언제, 어디서나 초롱이만을 생각하는 순정파!

이세나

소속 대영초등학교 실험반.
관찰 내용
• 강원소, 허홍과 어릴 적 친구이다.
• 자존심이 강한 만큼 실력도 뛰어나다.
• 강원소와의 관계 회복을 위해 나란이를 이용하려 한다!
관찰 결과 자신의 목적을 위해서라면 무슨 일이든
할 수 있는 불여우!

윤아영

소속 대영초등학교.
관찰 내용
• 나란이와 같은 실험 학원 친구이다.
• 자존심이 강하고, 이세나를 달갑지 않게 생각한다.
관찰 결과 자신이 미모와 실력을 겸비한
뛰어난 인재라고 생각한다!

김초롱

소속 새벽초등학교 태권도반.
관찰 내용
• 우주를 짝사랑하는 태권 소녀.
• 하지만을 보면 놀라운 속도로 도망간다.
관찰 결과 하지만이 자신을 좋아하는지 모르고,
범우주가 자신을 좋아한다고 착각한다!

기타 등장인물

❶ 전국 실험 대회 출전 티켓을 손꼽아 기다리는 **새벽초 교장 선생님.**
❷ 속을 알 수 없는 **새벽초 실험반 지도 선생님.**
❸ 새벽초 교장과 숙명의 라이벌인 **태양초 교장 선생님.**
❹ 강원소와 어릴 적 친구이자 앙숙인 **태양초 실험반 허홍.**

① ② ③ ④

제**1**화

독일에서 온 아이

내가 실험반에 들어갔더라면, 우리 학교가 이번 실험 대회에서 전국 우승도 가능할 텐데 말이야.

어머, 너희 학교도 본선에 진출했어? 잘됐다~.

몰랐어? 우리 학교 실험반은 모두 여자 애들로만 구성되어 있어서 꽤 유명한데~. 일명 세일러 실험반!

여성 특유의 꼼꼼함과 세심함으로 똘똘 뭉친 실력 있는 실험반이지. 내가 들어갔다면 미모와 실력을 겸비한 완벽한 실험반이 됐을 거라고!

와…

원장실

철컥

그건 그렇고, 세나만 특별 시험을 본 건 정말 수상하지 않니?

설마……

난 실험실 구경 좀 할게요!

하여간 있는 것들이 호박씨 까는 거 정말 밥맛이야.

꺅!

철퍼덕

아얏!

공주님, 전화 받으세요~.

공주님, 전화 받으세요~.

엄마잖아~.

힝…

아유, 귀찮아!

찰칵

그렇게 전원을 꺼 버리면 집에 가서 혼나지 않아?

툭 툭

못…

뭐?

지금 남 걱정할 때가 아닌 거 같은데?

너 지금 꼴이 엉망이야~. 달리기 잘 못하는구나?

후훗

응……

아, 너 대영초 실험반이지? 우리 실험반도 이번 대회 본선에 진출했는데…….

난 그런 시시한 얘기나 하려고 도망친 게 아냐.

응?

너네 학교 실험반에 재수 없게 멋진 녀석, 강원소 알지?

워, 원소?!

어머, 너 지금 얼굴 빨개진 거 알아? 설마 너도 원소 팬클럽 회원이야?

헤~?

앗!

아, 아냐! 난 그냥 같은 실험반 친구일 뿐이야!

훗.

지피지기면
백전백승!

적을 알고 나를 알면
백 번 싸워도
백 번 이긴다는 뜻이지!
F조에 대한 분석 완료!

아, 맞다! 나루초랑
고수초는 어떻게 됐어?

궁금하지?
두 학교 중
이긴 팀이,

본선
진출!

짜
잔

내가 그 대결 정보를 가져왔지!
나루초와 고수초의
실험 주제는 '연소'였대.

연소?

연소라면,
불타는 거 말이야?

철
컥

연소는 물질이 산소와 결합하여 빛과 열을 내는 현상이지.

일찍 왔네?

조용히 해!
지금 지만이가
중요한 얘기를
하고 있다고.

어서 계속해.

그래.

먼저 나루초는…….

초와 연소숟가락,
집기병을 이용해 실험을 시작했어.
집기병 속에 양초를 넣은 뒤,
촛불이 꺼지면 초를 꺼내고

유리판으로
덮었다가

텁

석회수를 넣어
흔들었지.

쪼르록

석회수를 넣으면
어떻게 되는데?

성공이야!

어떻게 되긴.
석회수와 집기병 안의
이산화탄소가 만나
뿌옇게 변하는 거지.

넌 조용히 해!
누가 너한테
물어봤냐고~!

발
끈

원소 말이 맞아.
이산화탄소와 석회수가 만나면
뿌옇게 변하는 성질이 있어.
연소의 생성물이 이산화탄소라는 것을
증명한 거지.

그, 그럼 고수초 녀석들은 어떤 실험을 했는데?

쳇

고수초 발명반은……. 같은 길이의 초 네 개에 불을 붙이고,

첫 번째에는 초 한 개, 두 번째에는 초 두 개, 마지막엔 초 한 개와 식물 화분을 놓고 각각 수조를 뒤집어씌웠어.

복도에 있는 걸 감독관에게 말하고 가져왔대. 대처 능력이 뛰어난가 봐~.

뭐? 화분? 그건 어디서 났대?

반칙한 거 아냐?!

감독관

이거 사용해도 되죠?

꼬덕

식물의 이런 광합성 작용이 지구의 이산화탄소와 대기 오염 물질을 흡수하고 산소를 만들기 때문에, 숲을 지구의 허파라고 하는 거야.

1헥타르(약 1만m²)의 숲은 44명이 1년 동안 호흡할 수 있는 12톤의 산소를 제공하고 16톤의 이산화탄소를 흡수해.

이산화탄소

이산화탄소

산소

산소

후

하~

그래서 환경 보호 운동을 하는 거구나……

모두 인간이 살기 위해서지.

그럼, 식물은 사람이랑 완전히 반대인 거네? 사람은 숨 쉴 때 산소를 마시고 내쉴 때 이산화탄소를 내놓으니까!

스으으읍

후우욱

산소

이산화탄소

꼭 그렇지만은 않아. 식물도 사람처럼 호흡을 해. 그리고 증산 작용도 하지.

그렇지~.

끄덕

끄덕

식물이 호흡을 해? 증산은 또 뭐야!

그러니까 결론은…….

끙~.

26

아마도
고수초 발명반이
승리했을 거야.

두 둥

보지도 않고
그걸 어떻게 알아?
네가 점쟁이냐?

......

헹!

우아,
맞았어!

25 대 26.
1점 차로 고수초가 이겼어!
근데 넌 어떻게 안 거야?

땡~

나루초는 하나의 원리만 이용해 실험했지만,
고수초는 연소에 필요한 것과 그것을
제공하는 환경까지 고려한 실험을 했으니까.

어쩌면
본선에서
고수초를
만날 수도
있겠군.

그 녀석이……,
진짜 해냈잖아!

그렇구나!
역시…….

꼬 옥

27

파하하하

나도 고수초가 이길 줄 알았어! 나의 천재적인 직감으로 말이야!

사고 치기 전의 직감 같은 건 없냐?

오늘은 느낌이 아주 좋아! 아무래도 하루 종일 좋은 일만 있을 것 같은데?

뾰족머리 범우주가 누구야?! 어서 이리 나와!

콰

콰

헉!

4, 4학년 선생님이잖아! 그렇다면…….

강낭콩

옳거니~, 네가 범우주구나!

예감이 좋다며~.

범우주!
네가 우리 반 강낭콩 실험물을
훔쳐 팔았다는 제보가 들어왔다!

이제야
찾았군!

오해예요,
선생님!

이 녀석!

잔말 말고
교무실로 따라와!

꽈아악

아야야!

훗, 범우주!
실험반 따윈
그만두고 어서
태권도반으로
와라!

ㅎ
ㅎ
ㅎ

대체 누가
일러바친
거야!

질
질
질

자연 속에는 수많은 생물과 그에 관한 재미있는 관찰거리가 곳곳에 숨어 있습니다.
우리 주변에서 흔히 볼 수 있는 생물들을 관찰해 보면 새롭고 놀라운 사실을
발견할 수 있을 거예요. 그럼, 개미와 곰팡이 관찰 실험을 통해 그 속에 담긴
신기한 과학 지식을 찾아볼까요?

실험 1   개미는 알던 길을 좋아해!

준비물 사과 조각(또는 과자), 흰 종이, 흙

❶ 먼저 집 주위나 화단 근처에서
개미집을 찾습니다.

❷ 개미집 근처에 흰 종이를 놓고,
그 위에 사과 조각을 올려놓습니다.

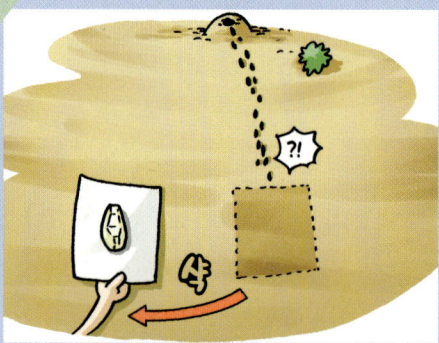

❸ 개미가 사과를 발견하여 사과까지
한 줄로 늘어서면, 사과를 옆으로
옮겨 봅니다.

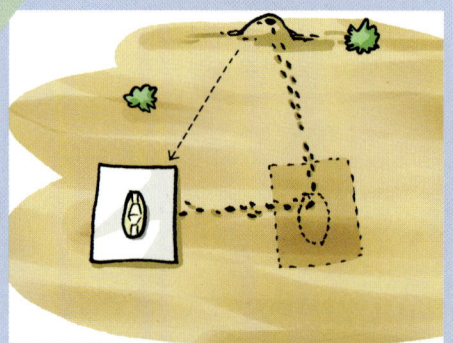

❹ 개미가 빠른 길을 두고도 다니던
길을 따라 돌아가는 모습을
관찰할 수 있습니다.

❺ 개미가 다니던 길에
흙을 조금 뿌리고
문지른 후 계속 관찰합니다.
그러면 개미는 가까운 쪽에
새로운 길을 만듭니다.

왜 그럴까요?

개미는 먹을 것을 발견하면 다른 개미들이 따라올 수 있게 독특한 방법으로
자신들만의 길을 만듭니다. 페로몬이라는 화학 물질을 분비하여 흔적을 남기는
것인데, 뒤에 있던 개미들은 이 페로몬 흔적을 따라 일렬로 길게 늘어서서
따라옵니다. 그래서 개미들은 사과를 옮긴 후에도 예전의 페로몬 흔적이 남아 있는
길을 따라 움직이는 것입니다.

실험 2   곰팡이는 어둡고 습한 곳을 좋아해!

준비물 빵 두 조각, 설탕물, 은박 접시 두 개, 랩

❶ 은박 접시에
빵 조각을 각각
한 개씩 놓고,
설탕물을 부은
다음 랩을
씌웁니다.

❷ 은박 접시 한 개는 어둡고 습한 곳에, 다른 한 개는 밝고 건조한 곳에 놓아둡니다.

❸ 며칠이 지나면 빵에 흰색이나 파란색의 솜뭉치 같은 것들이 생기는데, 이것이 바로 곰팡이입니다. 두 은박 접시의 곰팡이를 비교해 보세요.

왜 그럴까요?

곰팡이는 공기, 물, 흙, 바닷물 등 유기물이 있는 곳이면 어디든지 존재합니다. 곰팡이는 온도, 습도, 영양 등 조건이 맞으면 어디서든 잘 자라는데, 특히 어둡고 습기가 많으며 온도가 20~35℃ 정도인 곳에 잘 생깁니다. 따라서 어둡고 습한 곳에 놓아둔 빵에 훨씬 빨리, 그리고 많은 곰팡이가 자라게 되는 것입니다. 곰팡이의 종류는 매우 다양하여 우리 몸에 좋은 곰팡이도 있지만 우리 몸에 해를 끼치는 나쁜 곰팡이가 대부분이기 때문에, 곰팡이가 생긴 음식물은 절대 먹으면 안 됩니다.

제2화 복잡한 생물계

야, 같이 가자!

두리번

두리번

그래!

아!

워, 원소야!

휙

응......?

후다닥

아, 그게~.

무슨 일이야?

두근

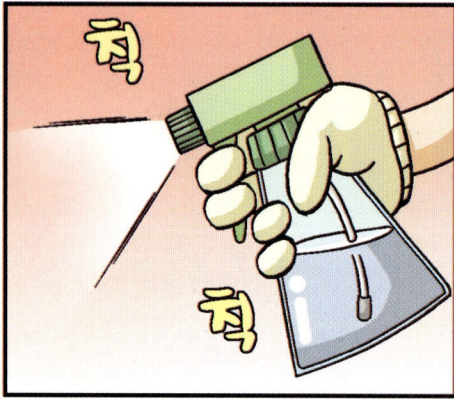

철컥

과학실

어머!

삑삑

우주야,
뭐 하고 있어?

그 두건은
뭐야?

아~, 이거? 청소 중이야!
여기에 곰팡이가 생겼는데,
식초 물을 뿌리면 곰팡이가
없어진대서.

와, 진짜?

란이야!

그렇다면 가장 먼저!

으악! 귀 늘어나요!

4학년 선생님한테 더 이상 귀를 잡히지 않으려면 그것부터 해결해야 해!

강, 강, 여기 있다!

강낭콩 싹 관찰하기!

준비물은,

강낭콩!

물과 솜!

샬레!

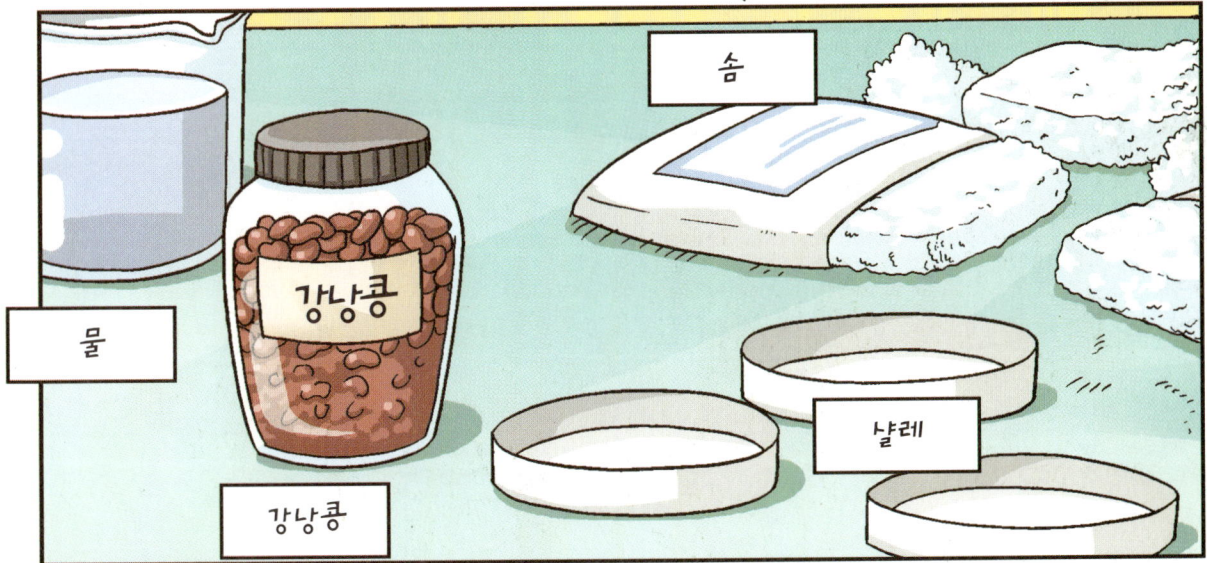

솜

물

강낭콩

샬레

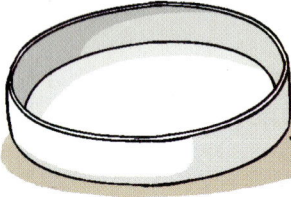

강낭콩은 쌍떡잎식물로, 두 장의 떡잎이 나오는 데 걸리는 시간은 약…….

2주일씩이나?!

커헉!

휘

청

그럼 앞으로 2주 동안이나 그 고통을 당해야 돼?

휘

휙

안 돼, 무슨 방법이 있을 거야!

강낭콩이 쌍떡잎이라고?

식물의 종류, 식물의 한살이, 식물의 기능…….

산소

이산화탄소

물

물

물

물

무슨 말인지 하나도 모르겠어!

쌍떡잎이 뭐냐고!

광합성에, 호흡 작용,

증산 작용은 또 뭐고?!

대체 곰팡이는 식물이야, 동물이야?!

하필 이럴 때 아무도 없다니! 선생님, 란이야~.

그 재수 없는 녀석까지 아쉽잖아!

별 쓸모는 없겠지만, 지만이도 아쉽고…….

뭐야?

뭐, 할 수 없지!

까짓 거, 2주 동안만 숨어 다니면 돼!

게다가 쌍떡잎이니 식물의 기능 같은 건 몰라도 사는 데 아무 지장 없잖아?

철컥

45

뭘 말이 많아!
다 널 위해서야!!
버럭!
초롱이는
좋아하는 녀석이
따로 있다고!
알겠냐?!
그게…….
그게 바로
나라고요!
잘 알지도
못하면서!!
쌩~
얼씨구~.
저 녀석,
대체 무슨 소릴
하는 거야?!
초롱아~!
다
다
다
다
맞아! 그러고 보니
저 녀석도
실험반이잖아?!
빠
드
득
으으,
실험반 녀석들!
왜 자꾸 초롱이 주변을
맴도는 거야!!

이상하네…….
여기가 아닌가?

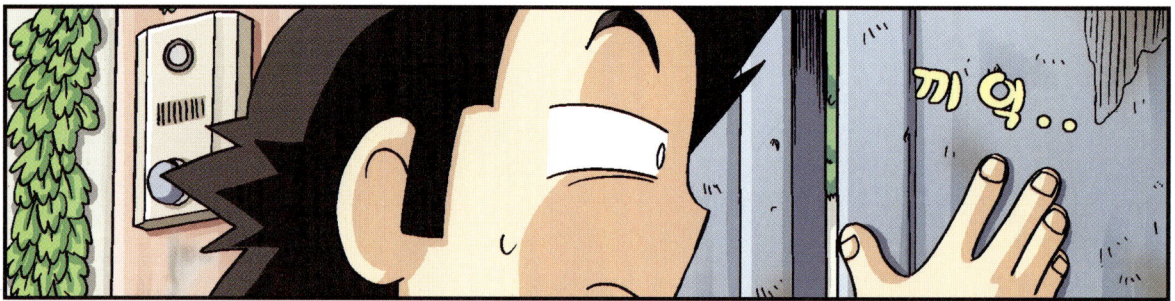

끼 익…

으악!

괴물이다!!

……

쓱

허어억

밥 줘!

이, 이게 뭐야!
내 방보다 더
심하잖아!

훌쩍

응?

스 윽

으아악,
너 언제 들어왔어?!

화들짝

저, 전 그냥
도와 드릴 일이
없을까 해서요……

그러니까… 에… 에……!

설마!

부들

부들

여긴 아무나
들어오는 곳이
아니야……

에 춰

뭐야…….

너……, 그게 궁금해서 나를 찾아온 거냐?

아, 물론 병문안도 포함해서…….

암, 당연히 궁금해해야지! 역시 넌 내 제자야!

부활!

식물, 식물! 우주야, 식물은 뭘로 번식하지?

음…….

씨겠죠. 씨에서 싹이 나니까.

맞았어!

씨로 번식하는 식물에는 겉씨식물과 속씨식물이 있지.

속씨식물

겉씨식물

겉씨식물은 씨가 겉에 있고, 속씨식물은 씨가 속에 있다, 이런 뜻인가요?

그래, 겉씨식물은
씨가 씨방에 싸여 있지 않고
밖으로 드러나 있는 식물이다.

대부분 소나무나 전나무같이
바늘처럼 뾰족한 잎을
가지고 있지.

솔방울

후 두 둑

속씨식물은 꽃 속에서
씨를 만드는 식물로,
다양한 꽃과 열매가 열린단다.

열매는 꽃 속의 씨방이
씨를 보호하기 위해
자란 거야.

포도

장미

사과

민들레

꽃

씨방

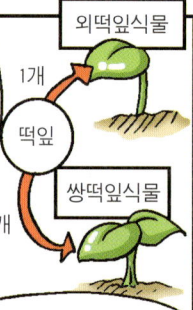

그리고 속씨식물 중에서
영양분을 저장하는 떡잎이 하나면
외떡잎식물, 그 잎이 두 개면
쌍떡잎식물이라고 한단다.

외떡잎식물

1개

떡잎

쌍떡잎식물

2개

그러니까 떡잎이
두 개인 강낭콩은
쌍떡잎식물이지.

아…….

자아~,
잘… 알겠지……?

쿨~

……

강낭콩이 쌍떡잎식물인 건 알겠는데, 외떡잎식물엔 어떤 게 있나요?

쌍떡잎식물

콩

그건 말이다! 외떡잎식물은 줄기에 마디가 있고 잎맥이 나란히맥이며,

벌

떡

수염뿌리를 가졌지! 또, 꽃은 꽃받침이 없고 꽃잎 수는 3의 배수야!

마디?

수염뿌리?

그게 뭔데요?

3의 배수?

꽃받침?

찾았다! 바로 이거야!

두

둥

오~.

이 옥수수가 외떡잎식물이지!

......

아, 외떡잎식물은 벼나 튤립처럼 길고 뾰족한 잎을 가진 거죠?

아 하~

벼

튤립

그래…….

이제 알 것 같아요!

하 하 하

배추처럼 잎이 복잡한 것은 쌍떡잎식물이고요?

배추

음냐…….

정리하면! 식물은 모두 씨로 번식하니까 겉씨식물과 속씨식물로 나뉜다, 맞죠?

씨

겉씨   속씨

뭐야? 식물이 모두 씨로 번식한다고? 누가 그래, 양?!

벌

떡

네? 그럼 씨 없는 식물도 있어요?

따라와!

씨로 번식하는 식물은 종자식물이라고 하지!

그리고 씨 대신 포자로 번식하는 식물을 민꽃식물이라고 한다.

포자로 번식한다고요?

여기 살고 있는 식물들을 봐라.

우아!

이건 이끼잖아요. 이끼도 식물이에요?

그래, 이끼는 생식 세포인 포자를 내보내서 번식한단다.

포자는 정자와 난자를 만드는 전엽체로 성장해서 수정되지.

아이고, 예쁜 것들!

민꽃식물이 수정하기 위해서는 수분이 필요하기 때문에, 대부분 습한 곳에서 산단다. 바로 이끼나 고사리처럼.

이끼

포자

전엽체

이끼로 자람

고사리

그러니까, 식물은 씨로 번식하는 종자식물과 포자로 번식하는 민꽃식물이 있는데,

민꽃식물은 이끼나 양치식물 등이고,

종자식물은 겉씨식물과 속씨식물로 나뉘고, 속씨식물은 다시 외떡잎과 쌍떡잎으로 나뉜다는 거군요!

끙;;

식물

종자식물 　 민꽃식물

겉씨식물 　 속씨식물

양치식물, 이끼 등

외떡잎 　 쌍떡잎

빙고~!

척

하하, 바로 그거다! 그리고 또 뭘 물었었지?

58

이, 이걸로 쌍떡잎식물과 곰팡이가 해결됐어요!

용량 초과

그러니까 곰팡이는 민꽃식물이라는 거죠?

씨도 없고 습한 곳에서 사니까!

어서 누우세요.

비틀

곰팡이가 포자 번식을 하긴 하지…….

역시!

짜

잔

하지만 식물은 아니야!

습한 곳에서 포자 번식을 하는데 식물이 아니라고요?

엥

식물의 가장 큰 특징은 광합성을 통해
스스로 영양분을 만드는 엽록체가 있다는 것이다!
하지만 곰팡이는 영양분을 분해하여
흡수하는 활동을 하지.

따라오너라!

또요?

아프다는 거 영국 아냐?

폴짝

폴짝

헉!

그럼 곰팡이는
동물이라는
말씀이세요?!

생물계는
동물계와 식물계 말고도
균계와 원핵생물계,
원생생물계를 포함해
다섯 가지로 나뉜단다.

곰팡이는 그중에서
균계에 들어가지!

덜
컹

다섯 가지나?!

으……,
생물계란 정말
복잡하군요!

민꽃, 종자,
속씨 등등
식물 이름 겨우
외웠더니,

이번엔 균계, 원핵,
원생이라고요?

모든 생물은 진화하면서
더더욱 다양해지고 있거든.

뒤적

뒤적

60

그래, 바로 그거야!

전 태어날 때부터 천재가 아니라,

천재로 진화하고 있는 거죠?

선생님, 대답 다 안 해 주시고 주무시면 어떡해요!

으으......

많이 아프신가 보네......

하긴, 이런 지저분한 환경에서는 병나는 게 당연해.

좋아! 범우주 님을 천재로 진화시켜 주시는 선생님께,

은혜를 안 갚을 수 없지!

팡

확실히 끝내 주마!

우아

아아

푸닥푸닥

쿠우우웅

두두두두

차아아

찍찍!

다음날아침

찍 찍..

으음......

찍

찍

찍

부스스…

아……! 한숨 푹 잤더니 좀 괜찮아졌군.

응?

가설 선생님! 선생님을 위해 제가 여기저기, 구석구석 깨끗이 청소했습니다. 절대 부담 갖진 마세요! -천재 제자 범우주-

우주가 왔었나?

이게 뭐지?

툭

반짝

둥

반짝

아냐……. 이건 분명히 꿈일 거야~.

비틀

끄아악! 몇 년간 따로 훈련시킨 쥐들이 왜 한 우리에 모여 있는 거야!

텅텅

바글

바글

칼 폰 린네(Carl von Linne)

린네는 오늘날 생물학의 기본적인 분류 체계로 사용되고 있는 이명법을 고안하여 '근대 분류학의 창시자'이자 '분류학의 아버지'로 불리는 뛰어난 식물학자입니다. 어려서부터 꽃을 좋아해 '꼬마 식물학자'로 불린 린네는 대학에서 의학을 공부했지만, 졸업 후 본격적으로 식물학 공부를 시작하여 금세 두각을 나타냈습니다. 린네는 1735년, 〈자연의 체계〉를 출판하여 동물계, 식물계, 광물계의 구분을 제시하였고, 1737년에는 〈비판적 식물학〉을 통해 생물의 이름을 법칙에 따라 체계적으로 분류할 수 있는 이명법을 제안하였습니다.

칼 폰 린네(1707~1778)
스웨덴의 생물학자. 생물의 분류 체계를 만들어 '현대 분류학'의 토대를 마련했다.

그는 세계의 동식물 표본 목록을 만들고, 수많은 종을 자신의 분류 체계에서 적당한 자리에 배치하는 일에 혼신의 노력을 쏟았습니다. 1751년에는 〈식물학 철학〉을 출간하였는데, 이 책은 식물학자들이 식물의 이름을 기술하고 그것을 정확하게 분류하는 데 필독서가 되었습니다.

린네가 고안한 이명법은 종명과 속명을 나란히 쓰는 분류 체계입니다. 인간의 경우 속명은 '호모', 종명은 '사피엔스'로 '지혜 있는 인간'이란 뜻의 호모 사피엔스(Homo sapiens)로 분류됩니다. 이러한 린네의 분류 체계는 18세기 유럽의 근대화 이후 새롭게 발견된 수많은 생물의 정보를 처리하지 못해 당황하고 있던 당시 학계의 문제를 해결한 획기적인 사건이었습니다. 이 분류 체계의 의해 현재 약 180만여 종의 생물들이 학명을 갖게 되었습니다.

내 분류 실험을 한순간에 망친 녀석……

제3화

진화 중인 천재

자, 오늘 수업은 지난 시간에 말한 대로 개구리 해부 실험이에요.

개구리는 척추동물 중 양서류에 속하죠.

꿀꺽

먼저 여기 있는 개구리 그림을 보세요.

시시해~.

흥‥

이런 모형으로 무슨 해부 실험이야……?

까아~, 징그러!

달그락

히~익

넌 정말 대단해. 진짜 개구리였으면 난 아마 기절했을 거야~.

뭐?

너……,
설마 진짜 개구리
해부 실험을 한 번도
안 해 본 거야?

응? 그럼 넌 해 봤어?

우

아

그럼~.

우리가
해부한다고 쓴
황소개구리만도
열 마리는
넘을걸?

우리?

나랑 원소, 그리고
허홍까지 셋이서 말이야.

키키

태양초등

아!

우린 어렸을 때
자주 실험을 하곤 했어.
가자 돌아가며
실험을 준비했지.

짠~

원소는 화학을 좋아했고,
홍이는 물리 쪽이 뛰어났어.

난 그중에서도 해부를 가장 좋아했지.

내 체질에 딱 맞거든.

개굴~

정말? 그럼 넌 개구리 해부는 식은 죽 먹기겠다!

와~

당연하지! 개구리 해부는 눈 감고도 할 수 있다고.

에테르

먼저 수조 속에 살아 있는 개구리와 에테르를 적신 솜을 넣고 유리판으로 덮은 후,

솜

개구리가 완전히 마취될 때까지 10분 정도 기다려야 해.

몽롱~

아!

마취가 됐나 봐!

꼴까닥

좋아, 준비 완료!

흐흐흐

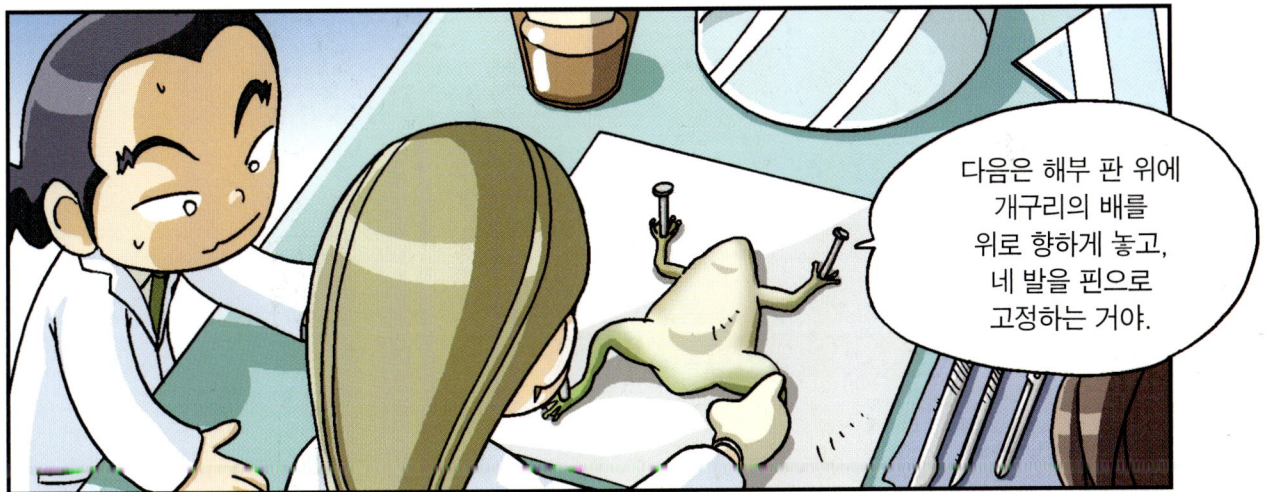

다음은 해부 판 위에 개구리의 배를 위로 향하게 놓고, 네 발을 핀으로 고정하는 거야.

그리고 개구리의 피부를 살짝 들어 올려 항문부터 아래턱까지 자른 다음,

스윽

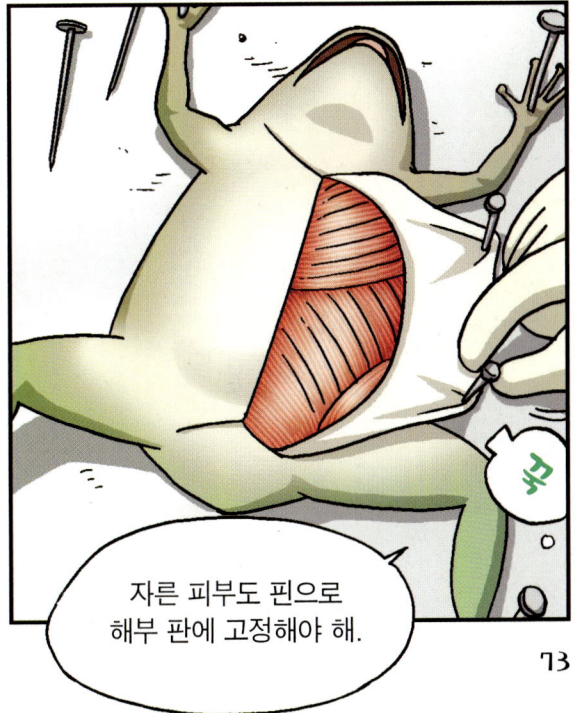

쑥

자른 피부도 핀으로 해부 판에 고정해야 해.

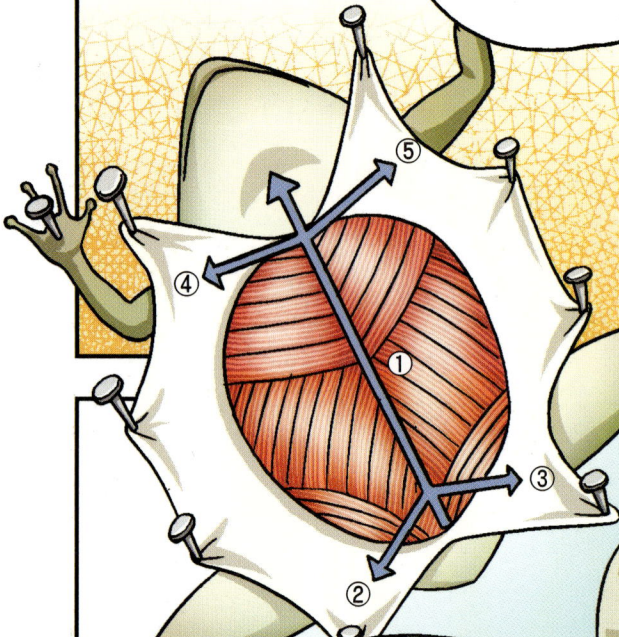

와…….

……

우아~

이건 내가 했던 수많은 개구리 해부 실험 중 일부에 불과해.

개구리뿐만 아니라 토끼, 닭 같은 것도 몇 번이나 해 봤지.

눈앞에서 살아 움직이는 심장을 보면…….

으흐흐

오 싹

그럼 넌 지금까지 대체 몇 마리나 개구리를 죽인 거야?

거기다 토끼에 닭까지?

나 참, 죽이다니? 모두 과학 공부를 위한 해부 실험이었다고.

넌 그런 것도 구분 못하면서 실험 학원에 다니니?

뭐야?

피 식

울 컥

진정해~.

그런 면에서 원소와 나는 비슷한 유전자를 가지고 있다고 볼 수 있지~.

뭐……?

헤~

그게 무슨 뜻이야? 너나 원소는 우리보다 잘난 유전자라도 가졌다는 거야?

스윽‥

여기서 원소 성대모사가 왜 나와!

난 너한테 말한 기억 없는데?

꺅! 원소다!

아영아, 시간 다 됐다~. 어서 보고서 쓰자!

……

참, 란이야! 오늘 우리 집에 가자. 너랑 할 일이 있어.

응? 오늘?

시끌 시끌

올 때가 됐는데~.

앗, 천사 등장!

이게 누구야!

란이구나!

어머!

화 악

깜짝이야, 우주구나~.

여기서 만나다니,

이런 우연도 다 있네!

하 하 하

오오~

엇, 처음 보는 머리띠 했네? 예쁘다~.

아, 이거?

어울려? 친구가 선물해 줬어.

헤헤...

저기
쭈그려 앉아 있는 사람,
가설 선생님 맞지?
어머,
정말!
긁적 긁적
선생님!
가설 선생님~!
번뜩
화르르르
엥?
범우주……,
드디어 오셨군!
우주바보
OTL
툭
엥? 내가 또
사고 쳤나?
내가 몇 년간
공들여 온 실험물들을
단 하루 만에 망친 녀석!

내가…….

크아아아~

이거, 사태가 심각한 것 같은데……?

널 어떻게 해야 내 실험물의 희생을 되돌릴 수 있을까……. 응?!

그렇다면 필살기를……!

스승님!

덥석

이 못난 제자를 벌하여 주시어요!

마지막으로 스승님께 외떡잎식물과 쌍떡잎식물,

이끼, 곰팡이 등에 대한 주옥같은 가르침을 받게 되어 영광이었사옵니다~.

으흐흑

이 녀석…….

그래, 무엇보다도 범우주는 내 소중한 제자…….

그런 건 걱정 말고 학업에만 열중하거라.

선생님!

우주야~!

대체…….

저 비둘긴 어디서 나타났지?

우주야, 그럼 오후에 과학실에서 보자꾸나!

네, 선생님!

우주야, 괜찮아?

쏙

스윽

크흑…….

후아, 큰일 날 뻔했네!
실험반에서 쫓겨날까 봐
조마조마했어.

역시 이럴 땐
눈물 작전이
최고라니까!

역시…….

실험물 따윈
벌써 잊으셨을
거야!

멈 칫

근데, 선생님은
괜찮으실까?

저것 봐~,
괜찮으셔~!

크윽,
내 실험물…….

딩동댕동~

87

수상해, 뭔가 냄새가 나~. 나 모르는 뭔가가 있지?

역시 눈치 3단.

드디어 초롱이가 왜 날 좋아하는지 알아냈거든.

뭔데?

화끈

그건 바로……, 내가 실험반이기 때문이야. 나의 지적인 면에 반한 거 아니겠어?

그러고 보니 네가 실험반에 들고부터 초롱이를 자주 본 것 같아!

그래서 그 기대에 보답하기 위해 특별한 실험물을 준비하느라 좀 바빴지.

그래, 선물! 실험물 선물……. 바로 그거야!

난 왜 진작 그 생각을 못했지?

5

넌 멋진 실험물을 보면 팔아 치울 생각부터 하잖아!

아차!

도서관

난 며칠 전부터 도서관에서 웬만한 실험책은 다 뒤졌다고!

그래서? 찾아냈어?

히 힛

그럼! 난 세상에서 단 하나뿐인 장미를 만들 거야!

바로 식물의 뿌리가 땅속의 물을 빨아들이는 원리를 이용한 거지!

수분

흠.

나무가 지만이 머리하고 닮았네.

그 갈라진 줄기를 각각 다른 식용 색소를 탄 물에 담그는 거야!

그럼, 시간이 지나면서 색소 물을 빨아들인 흰 장미는⋯⋯

흰 장미의 줄기 끝 부분을 두 갈래로 자르고

쓱 쓱

와⋯⋯

안녕하세요~.

그래, 지만이 왔구나.

안녕하세요, 선생님~.

우, 우주…….
내 실험물을
망가뜨린…….

비틀

비틀

선생님!

저예요~, 선생님의
소중한 제자…….

앗, 그랬지?
내 제자 범우주!
어서 자리에
앉아라.

아, 개인 실험은
실험반에 들어와서 처음이잖아!

꼬옥

오늘은
현미경 관찰을
할 테니,

각자 따로
실험을 하겠다.

그렇다면 이것은…….

뭐 하나?

신경 꺼.

여러분!

감사합니다!

한층 더 진보된 나의 천재성을 보여 줄 수 있는 기회가 왔다는 뜻!

우주야, 진정해~.

먼저, 각자 현미경과

받침 유리 1개, 덮개 유리 1개.

스포이트와 거름종이,

면도칼과 핀셋을 준비해라.

관찰할 식물의 잎은 내가 직접……, 준비해 왔다.

선생님께서 직접……?

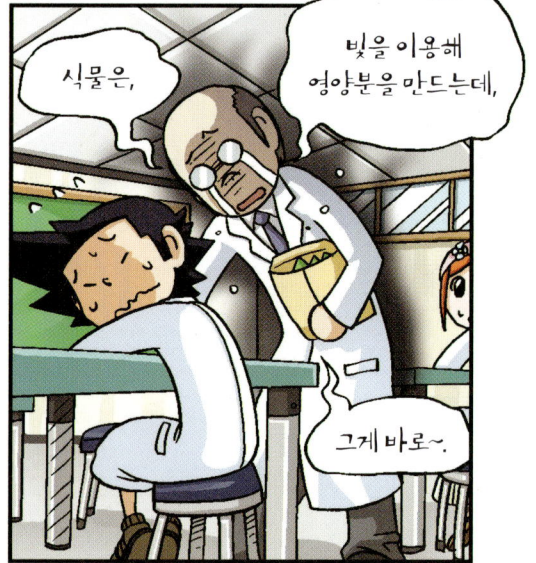

그렇지!
식물은 광합성을 하면서
산소를 내보내고
이산화탄소를 흡수한다.

이런 광합성
작용 외에도
식물의 작용은……

그건!

호흡 작용과
증산 작용이오!

쾅

오~, 너 웬일이냐?

하하

그럼 호흡 작용은
어떤 걸까?

스스스슥

그, 그긴!!

음, 호흡이란…….
사람처럼 숨 쉬는 게
아닐까요?

그래, 바로
그거다!

식물의 호흡 작용이란
식물이 광합성으로 만든 영양분을 쪼개
에너지를 만드는 과정으로,

이때 산소를 흡수하고
이산화탄소를 내보내는 것을
말한다.

산소

이산화탄소

후훗..

제 말이
바로
그거예요!

식물도 호흡할 땐 사람과 똑같죠. 산소를 마시고, 이산화탄소를 내뿜고!

오~.

그래, 그리고 광합성을 할 때는 호흡으로 나온 이산화탄소가 멀리 가지 않고, 광합성을 통해 다시 흡수되지.

호흡

이산화탄소

광합성

그럼, 증산 작용은 어떤 거지?

헉!

날씨가 참 좋네요.

스 윽

금방 비 올 것 같은데?

제가 알아요!

증산 작용은 식물 잎사귀 뒤쪽에서 수분이 빠져나오는 걸 말하죠.

수분

그래.

척

증산 작용은 식물이 뿌리로부터 물을 끌어올리는 압력과 영양분의 농도, 체온을 조절하기 위한 작용으로,

수분

수분

식물의 생명 유지에 꼭 필요한 일이지!

두

둥

뿌리가 물을 끌어올려?

이 증산 작용으로 수분이 빠져나오는 곳이 바로 잎의 뒤쪽에 있는 기공이란다!

오늘 실험은 현미경으로 이 기공을 관찰하는 거나!

와아~!

자, 다들 실험을 시작하거라.

쩍

좋아, 내 실력을 보여 주마!

아, 저렇게 잎 뒷면에서…….

사악

힐끔

표피가 위를 보게~.

스윽

쳇. 저 녀석은 비정상으로 똑똑하니까 봐주자.

꾹

그리고 재물대에…….

오옷~, 라이도 척척 잘하네!

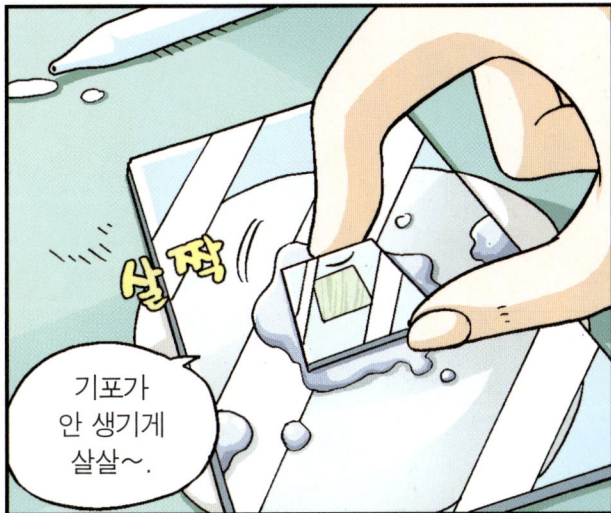

쏙

기포가 안 생기게 살살~.

살짝

하긴. 란이는 실험 학원에 다니니까…….

좋아, 이제 반사경만 남았어.

허억!

흠…….

지. 지만이까지! 그럼 나만 실험을 못하고 있는 거잖아?

야, 하지만! 너 현미경 다룰 줄 알고 하는 거야?

응?

말했잖아. 학교 도서관에서 온갖 실험책을 뒤졌다고……. 현미경 사용법은 어디든 나오던걸?

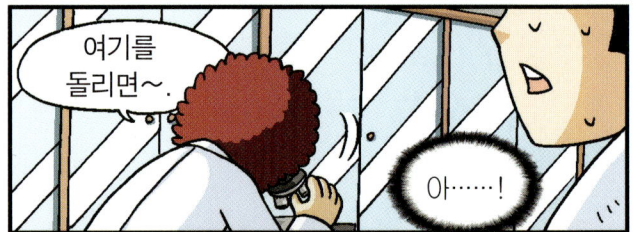

여기를 돌리면~.

아……!

쿠

쿵

역시, 나만 모르고 있었어!!

실험은 생각보다 오래 걸릴 때가 있지. 보고서가 완성되면 갖다 주렴.

네……?

아, 알겠습니다!

화악

좋았어!

성공할 때까지 계속 해 보는 거야!

으랏차!

나 먼저 간다~.

히힛

우주야, 내가 도와줄까?

정말?

아얏, 맞다!

홱!

원소야~!

기다려!

......

깜박하고 그냥 갈 뻔했네.

자, 이거!

이게 뭔데?

네가 아주 오래전부터 알던 친구가 전해 달라고 부탁했어~.

아마 깜짝 놀랄걸?

헤헤

응?

성큼 성큼

대체 왜……!

휴우~

저 녀석은 휴지통이 선물함인 줄 아나?

우주야, 미안. 나 먼저 가 볼게!

내 실험은?!

그럼, 이제 아무도 없지?

부스럭

헤헤헤··

프레리 뭔지 너~, 꽤 비싸 보인다? 어차피 버린 거니까 내가 가져도 되겠지?

스포이트

스포이트는 적은 양의 액체를 빨아내거나 한 방울씩 떨어뜨릴 때 사용되는 실험 기구입니다. 일정한 양을 정확하게 조절할 수 있기 때문에 용액 실험에 자주 사용됩니다. 단, 스포이트에 용액이 들어 있는 상태에서 거꾸로 세우면 용액이 고무 부분을 상하게 할 수 있기 때문에 주의해야 합니다.

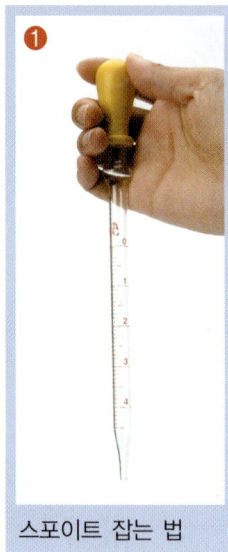

❶ 엄지손가락과 집게손가락으로 고무를 가볍게 쥐고, 나머지 손가락으로 유리 부분을 잡습니다.

❷ 엄지손가락과 집게손가락으로 고무를 꼭 쥐어 공기를 뺀 채 유리 부분의 끝을 용액 속에 넣습니다. 그리고 고무를 잡은 손가락을 살짝 놓아 필요한 양의 용액을 빨아올립니다.

❸ 천천히 스포이트의 고무를 눌러 원하는 곳에 필요한 양의 용액을 떨어뜨립니다.

❹ 실험 중 스포이트를 사용하지 않을 때는 비어 있거나 이미 사용한 용액의 비커에 기대 둡니다.

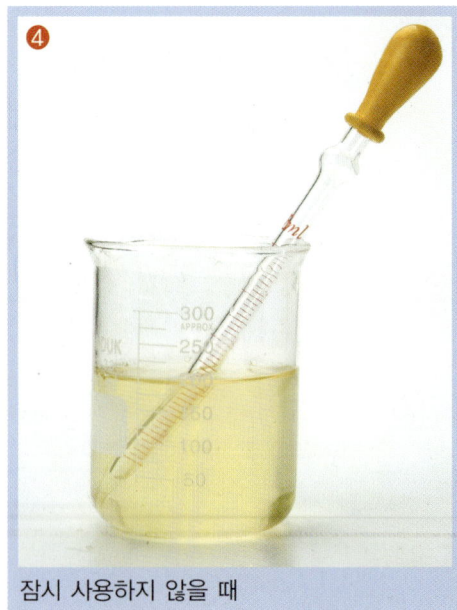

스포이트 잡는 법

용액 담기

용액 떨어뜨리기

잠시 사용하지 않을 때

시약병

시약병은 실험에 필요한 시약을 넣어 보관할 때 사용되는 실험 기구입니다.
이 시약병은 시약의 특성에 따라 여러 가지 모양으로 나뉘는데, 고체나 가루 물질은
입이 넓은 광구 시약병, 액체 시약은 입이 좁은 세구 시약병, 빛에 약한 시약은 갈색
병에 보관합니다. 시약병의 약품은 직접 코를 대어 냄새를 맡거나 맛을 보면 아주
위험할 수 있기 때문에 각별히 주의해야 합니다.

❶

시약병 잡는 법

❷

시약 따르는 법 ①

❸

시약 따르는 법 ②

❹

시약병 정리

❶ 라벨을 보고 필요한 시약임을 확인한 후, 한 손으로 병을 감싸 쥐고
다른 한 손으로 병마개를 엽니다.

❷ 액체 시약은 시험관을 시험관대에 꽂아 둔 상태로 시약병을 기울여 따릅니다.

❸ 고체나 가루 시약은 약숟가락으로 떠서 시험관에 깊이 넣은 후 굴려 내립니다.

❹ 시약병 주둥이에 묻은 시약을 마개로 닦아 올리면서 마개를 닫습니다.

이건
농약병이잖아…….

정체불명의 검은콩

이 개성 넘치는 얼굴을 기억 못한다고?

나야, 나! 태양초 실험반 지도 선생님!

아~. 그때 그 소화기……

여긴 왜 왔어? 설마 염탐하러 온 건 아니겠지?

그래? 저쪽으로 가 봐라! 아마 3실험실에 계실 게다!

3실험실?

저희 교장 선생님 심부름으로 태양초 교장 선생님께 이거 전해 드리러 왔어요.

뭐야, 3실험실이라면

실험실이 몇 개씩이나 있다는 거야?

119

원소네 실험반에 원소를 좋아하는 애가 있다고 해서 약간 긴장했는데,

원소……?

후 후 후

뭐야? 라이가 멍청하다고?! 저걸 그냥!!

발 끈

생각보다 훨씬 멍청해서 안심했지.

그따위 애가 감히 원소의 어자 친구가 될 생각을 하다니, 주제 파악 좀 제대로 하게 해 줄 생각이야.

짝

저, 저런……! 친구인 척하면서 라이를 완전히 무시하고 있잖아!

하긴, 그 얼음 같은 녀석이 누굴 좋아할 리 없지.

그때 그 일 이후로 말이야.

움 찔

응?

그건 모두 지난 일이야!

아마 아닐걸?
그 녀석은 그날 이후로
우릴 죄인 취급 하고 있다고.

흥‥

?

아니, 원소는
분명히 변했어.

그때 일로 절대 실험 같은 건
하지 않겠다고
맹세했지만······.

지금 원소는 새벽초
실험반이잖아?

하긴, 나도
녀석이 실험반에
들어가서
놀라긴 했어.

우얏!

그래서
너희는 항상
내 손바닥 안에
있다는 거야!

철컥

후다닥

끼익

훗, 과연
그럴까?

그럼!

내 먹이 그물 작전이
실패하는 거 봤어?

하긴······.

새벽초 도서

끙.. 끙 ..

먹이 그물?

어디 있는 거야?

휙

휙

내 먹이 그물 작전이 실패하는 거 봤어?

무슨 소린지 알아야 대비를 하지!

뿌드득

두고 봐! 절대 그냥 당하고 있진 않겠어!

크아!

화르르

바보야, 이쪽이야~.

아, 그래.

쳇!

왜 이렇게 늦었어? 걱정했잖아~.

아. 역시 나의 천사~.

헤헤

란이가 상처 받으면 다 네 녀석 때문이야!

?

?

자, 다들 모였으면 실험복 입으렴.

진행실에서 알립니다.

지금부터 이 자리에서 추첨을 통해……

오늘 시합에서
대결할 학교를 정하겠습니다.

본선에 오른 총 여덟 팀 중
오늘 대결에서 네 팀만이 남게 됩니다.
참고로 올해 전국 실험 대회 진출 티켓은
모두 두 장입니다.

그럼……, 추첨을
시작하겠습니다.

휙

휙

스 윽

1실험실

척

태양초

첫 번째
학교는…….

태양초와......,

태양초

무진초등학교!
이 두 학교는 1실험실입니다.

무진초

다음은, 금실초등학교 대 경문초등학교!
이 두 학교는 2실험실입니다.

와!

좋아!

다음 학교는,

새벽초등학교!
그리고…….

130

민들레는 국화과의 여러해살이풀입니다.

갑자기 웬 화분이지?

이 건물 화단에는 봄이 되면 항상 노란 민들레가 한가득 피었는데,

올해는 민들레가 전혀 보이질 않습니다.

이번 대결의 주제는 이 민들레가 사라진 원인을 찾아내는 것입니다!

두

둥

실험대 위의 상자에는 관찰에 필요한 실험 재료가 들어 있습니다.

리트머스 종이

스포이트

꽃삽

채집통

돋보기

샬레

......

자, 관찰을 하려면
밖으로 나가야겠지요?

짝

따라오세요!

야외 실험!
좋아~!

후다닥

바로 여기가 여러분이
관찰할 화단입니다.

이곳에서 지켜볼 테니
지금부터 관찰을 시작하세요.

조심해~.

좋았어,
우앗!

턱

꽈당

훗..

좋아, 그럼 계획을 세우자!
난 이런 관찰 실험은
전에도 몇 번이나 해 봤어.

그래?
잘됐다.

생물이 사라지거나
멸종되는 건
환경의 영향이 제일 크지.
특히 이런 도시 속의 식물은
환경오염으로 사라지는 게
대부분이야.

대기 오염

수질 오염

토양 오염

환경오염은
교과서에도 나오고 최근엔
전 세계적인 이슈니까,
뻔한 문제 아니겠어?

역시, 세나야!

단번에 이 문제의
핵심을 파악해서
해결책까지 제시하다니,
정말 대단해!

우린
너만
믿을게.

후훗

그래, 이런저런 관찰 한답시고
시간 낭비 할 필요 없어!

준비물을 환경오염에
맞춰 사용하고,
관찰 자료를 모아서
환경오염 중심으로
보고서를 작성하면
모범 답안이 될 테니까!

단, 특별히 좀 더 많은 자료를 찾아야 해.

어째서?

저쪽에도 이 모범 답안을 아는 녀석이 있거든.

……

음…….

민들레가 사라진 이유라니, 조금 당황스럽다…….

민들레는 내가 좀 알아! 민들레는 잎, 줄기, 뿌리로 이루어져 있지!

줄기

꽃대

잎

뿌리

또 나선다…….
민들레는 줄기가 없어!
잎은 뿌리에서 나고,
네가 줄기라고 말한 건
꽃대일 뿐이야.

뭐?

아, 그리고 보니 여기엔 잎이 하나도 안 달려 있어!

봐, 봐. 그렇지?

몰라!

하여간, 민들레는 햇빛에 잘 견디는 강인한 식물 같아!

한여름 땡볕에도 잘 시들거나 죽지 않더라고!

맞아! 민들레는 해가 잘 드는 곳에서 자라.

그리고 민들레 꽃은 낮에 활짝 피었다가 저녁이 되면 오므라드는 *감광성을 가지고 있어.

그렇다면!

*감광성 물질이 빛의 작용으로 인해 변화를 일으키는 성질.

이곳에 햇빛이 부족해서 민들레가 사라진 거구나!

오오!

글쎄……, 그건 아닐 거야.

비틀

민들레는 여러해살이풀이야. 뿌리가 땅속 1m까지 뻗어서 겨울엔 뿌리 상태로 추위를 이기고 봄이 되면 새잎이 올라오지.

겨울

봄

작년까지는 이곳에 민들레가 무성했다고 했잖아. 그럼 올해만 갑자기 햇빛이 줄어든 걸까?

그럴 수도 있지! 넌 예외도 모르냐?

그럼 혹시,

올해만 번식을 못한 건 아닐까? 민들레는 씨로 번식하지?

그래, 민들레는 씨로 번식을 해.

또 꽃은 하나로 보이지만 200여 개의 낱꽃이 모인 것으로, 이 낱꽃들이 열매를 맺어 흰 털이 달린 씨가 되지.

이 씨 하나하나가 바람에 날려 가 땅 위에 떨어져서 뿌리를 내리고 번식하는 거야.

혹시 바람이 안 불어서 번식을 못했나?

그럴 리는 없고……

앗!

휘이이이

씨가 날아가다가 황사 때문에 오염된 거 아냐? 사람 몸에도 안 좋은데 식물한텐 오죽하겠어?

아니면, 땅에 떨어진 씨가 뿌리를 못 내릴 정도로 땅이 오염되었다거나.

맞아!!

환경오염 때문에 사라지는 생물이 많다잖아! 특히 최근에는 산성비도 자주 내리고!

산성비!

나 역시 같은 생각이야. 환경오염의 가능성이 제일 커.

우선, 환경오염의 영향에 초점을 맞춰 관찰해 보자.

그래, 좋아!

좋아!

서두르자! 저쪽은 벌써 시작했어!

먼저, 이걸로 토양의 산성도를 체크하자.

리트머스 종이?

그래, 일단 실험 준비물을 잘 활용해야 해.

뒤적

뒤적

근데, 토양의 산성도라니?

환경오염으로 산성비가 내리면 토양이 산성화되고, 토양의 산성화는 식물이 자라는 걸 방해하거든.

황사

산성비

이 화단의 토양이 산성화되었다는 것을 증명하면 환경오염으로 민들레가 사라졌다는 주장을 뒷받침할 수 있어.

지만아, 보고서는 쓰고 있지?

척!

당연한 말씀!

두근

그럼, 란이는 토양의 산성도 실험을 도와줘.

응, 알았어!

두근

두근

뭔가를 시켜 달라는 저 간절한 눈빛!

훅!

훅!

우주 넌⋯⋯.

꿍⋯

두근

두근

이걸로 다른 원인을 찾아봐!

돋보기?!

하하하하

크하하, 내가 제일 중요한 일을 맡았군!

멋대로 생각하지 마!

그렇다면 정말 미세한 차이로 승패가 결정될 거야.

저쪽은 실험 결과가 잘 나온 것 같은데?

쪼르륵

쏙‥

화단의 흙에 물을 넣어 휘저은 후 리트머스 종이를 천천히 대 보는 거야.

다 적었어, 계속해.

그리고 리트머스 종이를 꺼내 흰 종이 위에 놓으면,

꿀꺽

스 스 스 스

아, 변했다!

푸른 리트머스 종이가 붉게 변했어!

염기성

산성

붉은 리트머스 종이가 푸르게 변하면 염기성! 푸른 리트머스 종이가 붉게 변하면 산성!

맞지?

맞아! 역시 산성 토양이었어!

끄덕

힐끔

......

아휴!

원소는 왜 세나를 모른 척하지? 둘은 대체 어떤 사이기에……

휴우..

철컥

146

이건……,
민들레 잎이잖아?

완전히 사라진 건 아닌가 보네.
그런데 왜 잎만 남았을까?

아, 개미!
놓칠 뻔했다!

어디 가니,
개미야~?

지, 지렁이다!
그것도
지렁이 시체!!

꾸에엑!

새벽초 영역은 저쪽 아니야? 예의는 지키셔야지?

조, 좋아. 나도 예의상 한마디 해 주겠는데, 너 방금 뭐 밟은 줄 알아?

응?

지, 지렁이잖아!

흥, 남의 관찰을 방해한 벌이다!

응......?

이, 이건!

천재 범우주!
대발견~!

맞지, 맞지?

왜 저래?

뭘 발견한 게 아닐까?
한번 살펴봐야 하는 거 아냐?

신경 쓰지 마.
쟨 새벽초 실험반의 문제아라고.
저런 애 말 따윈 그냥 무시해.

여기도 있다!

멈춫

역시 민들레야!

그런데 모두 꽃이 없어!

아, 여기도!

이상해…….
환경오염으로 민들레가 사라졌다면
이런 식으로 죽지 않아!

이건 누군가가
고의로
뜯어낸 거야!

대체 누가?!

이건 여기 또 있네. 아……!

뜯겨진 민들레 주변의 이 물체……!

어쩌면 범인이 남긴 단서일지도 몰라!

과연 뭘까……, 콩인가?

아니면 식물의 씨앗인가?

음, 오묘한 맛!

?!

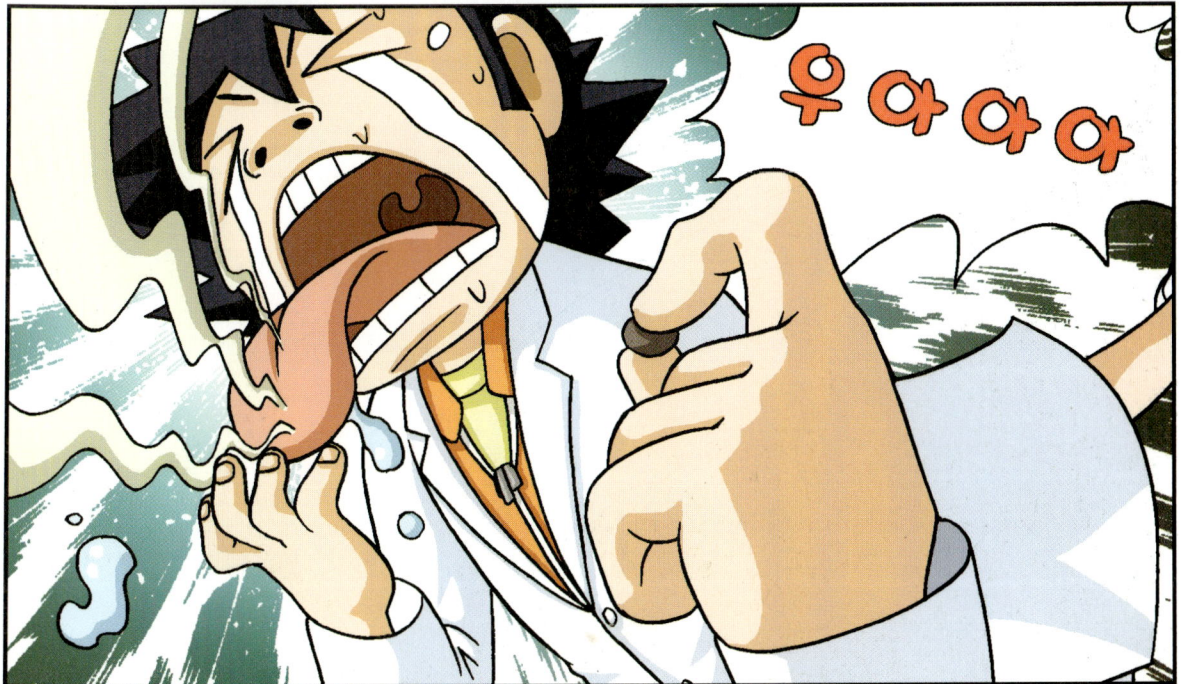

우아아아

요오드 용액으로 녹말 확인하기

	실험 보고서
실험 주제	식물은 잎에서 '녹말' 이라는 영양분을 만듭니다. 이 녹말은 식물이 성장하는 데 반드시 필요한 에너지원입니다. 식물은 광합성을 통해 이러한 녹말을 만드는데, 식물의 잎과 간단한 도구들로 이 녹말을 직접 확인하는 실험을 해 봅니다.
준비물	❶ 삼발이 ❷ 석면 쇠 그물 ❸ 알코올램프 ❹ 큰 비커(물) ❺ 작은 비커 ❻ 알코올 ❼ 묽은 요오드 용액 ❽ 샬레 ❾ 은박지 ❿ 잎 ⓫ 비커 집게 ⓬ 스포이트 ⓭ 핀셋
실험 예상	광합성을 하지 못하게 은박지를 씌워 둔 잎은 녹말을 만들지 못할 것입니다.
주의 사항	❶ 실험 용액은 절대 먹지 않도록 합니다. ❷ 알코올램프 사용 시 화재를 일으키거나 화상을 입지 않도록 주의합니다.

❶ 화분의 잎 한 장을 은박지로 완전히 감싸고 햇빛이 잘 드는 곳에 2~3일 동안 놓아둡니다.

❷ 알코올램프로 큰 비커의 물을 끓인 다음, 은박지로 감쌌던 잎을 비커에 담갔다 꺼냅니다.

❸ 꺼낸 잎을 알코올이 담긴 작은 비커에 넣고, 이 비커를 물이 든 큰 비커에 넣어 *중탕으로 가열합니다.

*중탕 가열하려는 물체가 담긴 용기를 직접 가열하지 않고, 물이나 기름이 담긴 용기에 넣어 간접적으로 열을 가해 데우거나 끓이는 방법.

❹ 중탕하여 노랗게 변한 잎을 꺼내 물로 씻은 후 샬레에 놓고 스포이드로 묽은 요오드 용액을 떨어뜨립니다.

❺ 은박지로 감싸지 않은 잎에 묽은 요오드 용액을 떨어뜨리고 은박지로 감싼 잎과 비교해 봅니다.

실험 결과

햇빛을 받은 잎은 보라색으로 변하지만, 은박지로 감싸 햇빛을 받지 못한 잎은 아무 변화가 없습니다.

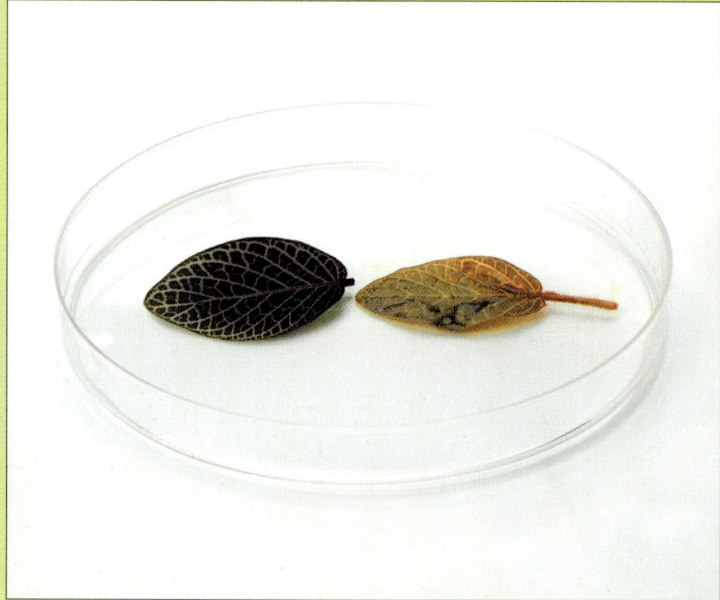

왜 그럴까요?

식물의 잎은 햇빛을 받아 녹말을 만듭니다. 녹말은 식물의 씨나 뿌리, 줄기, 열매 등에 들어 있는 중요한 저장 물질의 하나로, 요오드 용액을 만났을 때 보라색으로 변하는 성질이 있습니다. 따라서 햇빛을 받아 광합성을 한 잎은 녹말이 만들어졌기 때문에 보라색으로 변했지만, 은박지로 감싸 광합성을 하지 못한 잎은 녹말을 만들지 못했기 때문에 색깔이 변하지 않은 것입니다. 녹말은 사람에게도 중요한 영양원으로, 우리가 먹는 쌀이나 감자, 고구마는 대부분 녹말로 이루어져 있습니다. 또한 광합성으로 만들어진 영양분을 녹말로 저장하는 식물도 있지만, 양파와 포도처럼 포도당의 형태로 저장하거나 콩이나 참깨처럼 지방의 형태로 저장하는 식물도 있습니다.

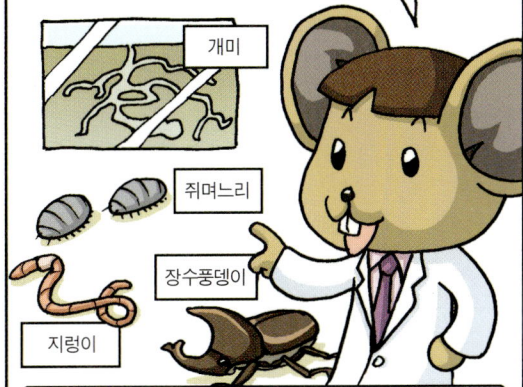

제5화

사라진
민들레의 비밀

환경오염 때문이 아니라는
확실한 증거가 있어!

증거?

여기…….

으으…

?

바로
이거야!

쳑!

으악!!

엄마야~

그건
지렁이 시체잖아!

그래, 어제 온 비 때문에
땅 위로 나왔다가 죽은 거지.

지렁이는 땅을
건강하게 한다잖아.

뭐?

아!

맞아~, 지렁이는 땅속에서 굴을 파고 생활하거든!

지렁이 굴은 땅속의 통풍과 배수가 잘 되게 하고, 또 그 배설물은 탄소와 질소의 비율이 낮아서 좋은 거름이 된대.

오~.

하지만 여긴 산성 토양이잖아. 지렁이가 어떻게 사는 거야?

그건······.

지렁이는 건강한 토양에만 사는 게 아냐.

더러운 하수구 같은 환경에서도 잘 살지.

그러니까 지렁이가 산다는 게 토양이 오염되지 않았다는 증거가 될 순 없어.

까~, 역시 원소야~.

뭐?!

잠깐!

그건 민들레도 마찬가지 아냐?

아야!

뭐?

부우웅

민들레도 건강한 토양에서만 사는 게 아니잖아!

콜록

자동차가 많이 다니는 도로 주변에도 민들레는 피어 있는걸?

그리고 산성 토양이라는 이 화단에도 민들레가 살아 있다고!

뭐……?

잠깐 기다려 봐!

……

푹

봐! 이 화단 곳곳에 이렇게 살아 있다고!

척

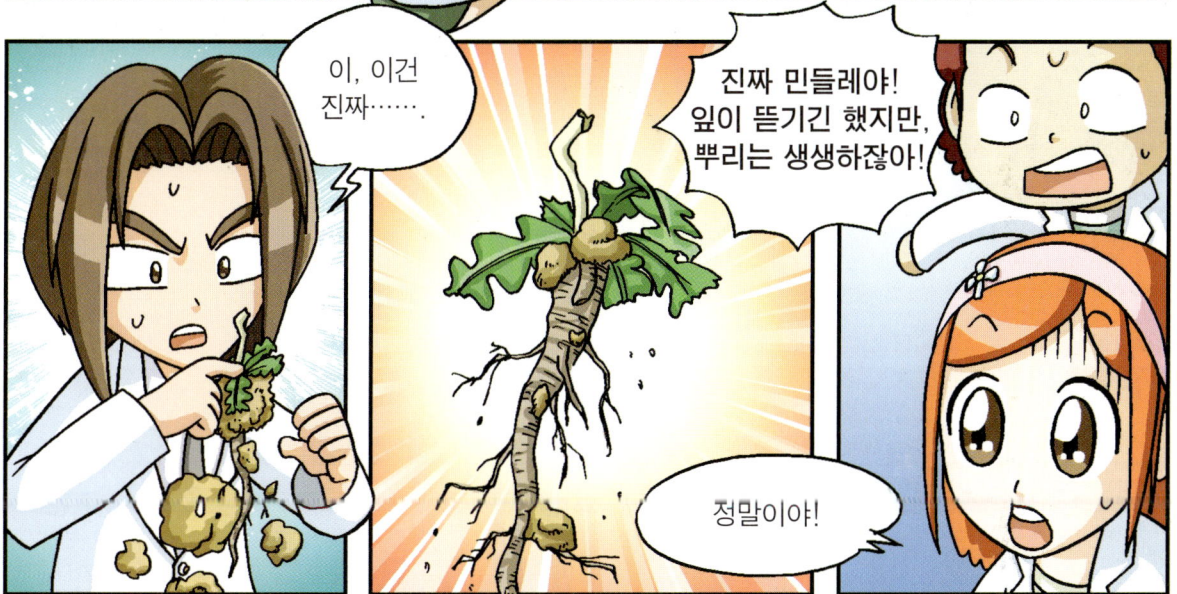

이, 이건 진짜…….

진짜 민들레야! 잎이 뜯기긴 했지만, 뿌리는 생생하잖아!

정말이야!

이럴 수가…….

환경오염으로 사라졌다면 아예 번식되지 않았거나 시들어 있어야지!

그럼, 이건 대체…….

내 생각엔, 민들레가 사라진 건 환경오염 때문이 아니라 먹이 그물 때문일 거야.

먹이 그물?

그게 뭔데?

그게……, 풀은 메뚜기에게 먹히고 메뚜기는 개구리에게 먹히고, 개구리는 뱀에게 먹히고, 뱀은 독수리에게 먹힌다! 이런 관계가 거미줄처럼 얽혀 있는 거 말이야.

음……

풀	메뚜기	개구리
독수리		
		뱀

와, 우주가 웬일이야?

모든 생물들이 서로 먹고 먹히는 관계로 얽혀 있는 생태계 현상이지.

큰일 났다!

우주한테 귀신이 씌었나 봐!

내 친구 돌려줘!

나 우주 맞거든?

흥‥

과연 그럴까?

주어진 준비물은 누가 봐도 환경오염 조사를 위한 거야. 그건 이미 답이 환경오염으로 정해져 있다는 뜻이지.

리트머스 종이

꽃삽

샬레

돋보기

거름종이

채집통

그런데 이런 도시 한복판에 갑자기 토끼가 나타나 화단의 민들레를 전부 먹어 치웠다고 해 봐.

풋! 토끼~?

까하하, 토끼래!

풋!

비웃음을 사거나, 실험 기구를 사용하지 않았으니 점수가 깎일 게 뻔해……

아……!

그래. 그럴 수도 있구나……!

이번에 지면 실험 대회는 끝이야.

휘 어 어 어 잉

!!

자……, 어떻게 할지 빨리 결정하자. 환경오염이야, 토끼야?

둥

나, 난 꼭 승리하고 싶어! 여기서 끝내긴 싫다고!

범우주, 너도 전국 대회에 나가고 싶잖아!

큭!

그치?

나도……, 꼭 승리해서 전국 대회에 나가고 싶어.

하지만 승리만을 위해 날 속이고 싶진 않아.

!!

쿵

란이야!

무언가에 뜯긴 민들레와
지렁이, 토끼 배설물이라고
당당하게 쓰고 싶어!

민들레

지렁이

토끼 똥

우리가 모은 증거와
관찰 과정을 무시하는 건
진짜 관찰 실험이 아니잖아.

그, 그렇지.

원소 너도 이 생각엔
동의할 것 같은데…….

아!

……

하긴,

개그
실험반인
우리가 아니면
누가 이런 걸
해 보겠어?

훗

좋아, 그럼 어서
모은 증거와
자료를 정리하자.
시간 없다고!

좋았어!

그래!

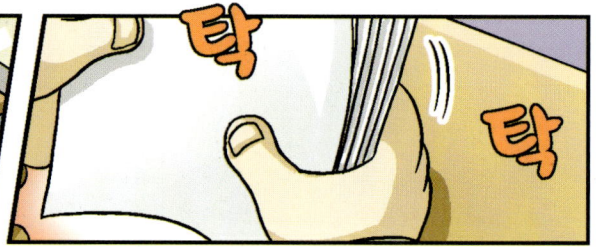

자, 여러분의 보고서는 잘 읽었습니다!

아주 수준 높은 실험 보고서도 있고,

아주 재미있는 보고서도 있더군요, 크크큭……!

쟤들은 왜 보고서를 재미있게 썼을까?

우리 얘기거든?

우아아아!
우리가 해냈어!

크하하,
실험 내용이
9점이래!

장하구나!

우리 실험이
인정받았어!

부들

부들

선생님~!

캑!

채점 결과에
동의할 수
없어요!

잠깐만요!
재심사를
요청합니다!

탁

재심사?

뭐얏?

재심사는 지도 선생님이
요청할 문제인데……,
학생이 한다고?

네, 우리 실험 내용은 완벽하다고요!

지도 선생님도 저희 보고서를 보시면 반드시 재심사를 요청하실 거예요!

흥!

그럼, 선생님께서 보고서 내용을 확인하시겠습니까?

네.

그럼, 저도~.

끙‥

우리 관찰 실험이 바로 정답이에요.

민들레는 환경오염으로 사라진 것이고, 증거도 충분해요!

저희는 리트머스 종이를 이용해 산성비의 영향으로 토양이 산성화되었다는 것을 증명했어요!

그리고 거름종이로 화단의 식물과 벽을 문질러서, 황사와 매연 등에 의한 미세 먼지까지 확인하여 대기 오염도 증명했다고요!

산성화된 토양의 특징 중 하나인 이끼와 곰팡이도 채집했고요! 게다가…….

173

네, 거기다가 토종 민들레가 멸종되고 있는 이유까지 덧붙여 설명했군요.

꼬덕

사실 토종 민들레는 서양 민들레와 달리 번식 방법이 까다롭지요.

서양 민들레

일 년 내내 꽃을 피우며 자가 수정을 하는 서양 민들레와는 달리, 봄에만 꽃이 피고 타가 수정을 하는 토종 민들레는 수정을 도와줄 벌과 나비가 있어야만 하니까요.

토종 민들레

그런데 이런 벌과 나비 등이 환경오염으로 도시에서 사라지고 있으니

토종 민들레

토종 민들레도 함께 사라졌다는 것이지요. 아주 훌륭합니다.

하지만 새벽초등학교의 실험 내용은 먹이 그물, 게다가 토끼라니!

쿡

정말 황당하군요.

풉!

쿡쿡쿡……, 그렇지요?

예?

다, 당연하지요!
민들레가 뜯겨진 모양이나,

토끼 배설물이라고
추측되는 검은 물체에서
이끌어 낸 이 결과는
도저히 인정할 수 없어요!
이런 도시 속에 토끼라니요.
게다가 매일 사람들이 다니는
화단에서 말입니다!

푸 하 하 하

아이고,
배야~!

글쎄, 저도 몰랐지 뭡니까~.
토끼가 민들레 같은 쓴 풀을
좋아하는지 말입니다.

네?!

작년 가을부터 제가 취미로
토끼를 키웠지요~.
가끔 데리고 와서 이 화단에
풀어놓곤 했는데,

올봄에는 날씨가
좋아서 자주
나왔어요.

하아~

푸 하 하 하 하

아, 그런데 그 녀석이
이 화단의 민들레를
다 뜯어 먹을 줄
누가 알았겠습니까!!

네에?!

그, 그럼 실험 준비물의 의도는……, 대체 뭡니까?

실험 준비물에 의도라니요…….

그저 도움이 될 만한 것으로 넣어 뒀을 뿐입니다.

네?

새벽초등학교는 준비물을 적절히 이용하여 관찰했지요.

대영초등학교도 분명히 지렁이나 뜯겨진 민들레, 토끼 배설물 중 한 가지는 발견했을 것입니다.

하지만 그것들이 환경오염과는 상관없다고 생각해서 지나쳐 버린 거겠지요?

……!

지, 지렁이잖아!

신경 쓰지 마. 쟨 새벽초 실험반의 문제아라고. 저런 애 말 따윈 그냥 무시해.

어떠십니까, 선생님?
지금도 재심사를 요청할
생각이십니까?

아!

아, 아닙니다.
제 생각이 짧았습니다.

꾸벅

관찰 실험은 많은 정보와 지식이 필요합니다.
하지만 자칫 잘못하면 그 지식에 지배당하기 쉽지요.

그럴 때마다
실험의 목적과 기초를
잊지 않는다면 진짜 정답을
찾아낼 수
있을 것입니다.

다들
수고하셨습니다.

애들아! 여기야, 여기!!

내가 얼마나 기다렸다고~!

다다다

어떻게 됐어? 이겼어? 응? 응?

당연히……, 우리의… 승리죠!

쿨럭!

꽉!

꽈악

그럼 우리가 전국 대회 출전권을 얻은 거구나!

으아아~! 그래, 내가 그럴 줄 알았어!

저……, 올해 전국 대회 출전권은 두 장이랍니다. 그러니까, 다음 대결에서 결정되지요.

뭐라고?!

우두둑

그럼 또 다음 대결까지 기다려야 한다는 거야?!

털썩

에잇, 아깝다!! 태양초 교장 얼굴에 출전권을 붙여 주고 싶었는데!

척

……

익!

하하! 어쨌건, 오늘 승리한 기념으로 내가 맛있는 피자를 사 주마!

아……

와!

벌떡

야호, 좋아요!!

지켜도요!

세나야…….

179

음식 속의 과학 원리

미생물은 너무 작아서 맨눈으로는 볼 수 없는 0.1mm 이하인 미세한 크기의 생물을 말합니다. 이 미생물 중에는 공기나 물, 음식 등을 통해 병을 일으키는 위험한 것이 많지만, 반대로 이러한 질병을 고치는 의약품이나 공업용 등으로 아주 유용하게 쓰이는 것도 많습니다. 이 중에는 우리가 먹는 식료품을 더 맛있고 영양까지 좋게 만드는 미생물이 있습니다. 서양에서는 주로 빵과 술, 치즈 같은 음식을 만들 때 이러한 미생물들을 이용하였습니다. 우리 조상들은 몸에 좋은 미생물을 이용해 다양한 음식을 만들어 왔는데, 그것이 바로 김치, 된장 같은 발효 식품입니다. 효모와 유산균은 이렇게 음식에 도움이 되는 대표적인 미생물 중 하나입니다.

빵효모

밀가루 반죽

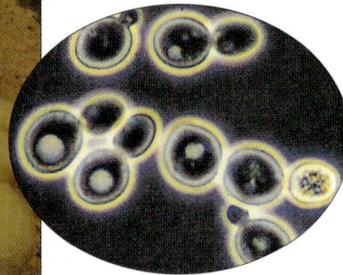

빵효모 발효로 부푼 밀가루 반죽

오븐에 구운 빵

빵효모 발효

● 빵을 만들 때 이용되는 미생물인 빵효모는 발효 과정 중 이산화탄소를 발생시켜
밀가루 반죽을 부풀게 하는 역할을 합니다. 이 외에도 알코올과 열을 발생시켜
단백질을 부드럽게 만들고 빵의 향을 좋게 합니다.

● 빵효모는 당분이 많고 38℃ 정도의 온도, 약산성인 환경에서 활발하게 활동합니다.
10℃ 이하가 되면 활동을 정지하고, 55℃ 이상이 되면 죽어 없어집니다.

● 오븐에 이 반죽을 구우면, 효모는 죽고 이산화탄소가 빠져나가면서 빵 속에 무수히
많은 구멍을 남깁니다.

요구르트 속의 유산균

유산균 발효의 대표적 음식인
요구르트.

요구르트는 소를 비롯한 양, 염소, 물소 등의 젖인
유즙을 발효시켜 만든 음식입니다. 설탕, 벌꿀 등을
첨가해서 먹거나 고기 요리, 야채의 드레싱 등 조리
재료로 널리 사용됩니다. 요구르트는 살균을 거친
유즙에 유산균을 넣어 약 43~44℃에서 약 5시간 동안
배양시켜 만드는데, 최근에는 요구르트 제조기로
어디서나 손쉽게 요구르트를 만들 수 있습니다.
요구르트는 유산균이 장 속에서 독소를 생성하는
나쁜 균을 억압하고, 이로 인해 부패 성분의 발생·흡수를 억제한다고 하여 전
세계적으로 널리 사랑받고 있습니다. 이러한 원리로 발효를 거친 것에는 요구르트
외에도 치즈와 버터 등 건강에 유용한 음식들이 많이 있습니다.

드디어 실험 대회 결선!

188

결선이 코앞인데, 지만이 녀석은

투덜 투덜

또 어디로 사라진 거야?

과학실

쳇, 나라도 열심히 해야지.

철컥

학실

앗, 란이야!

우, 우주야!

깜짝

이렇게 일찍 웬일이야?

허둥지둥

……

그 편지는 뭐야……? 또 원소한테 쓰는 거야?

아냐~.

190

세나에게
쓰고 있었어…….

어제 대회 일도 그렇고
전에 세나가 부탁한 일도
잘 안 됐잖아.
그래서…….

뭐?
그 불여우에게?

부탁한 일이라면
원소한테 선물 줬던 거
말이야?

내가 가져간
그 인형!

응, 그때 원소가 너무
이상했어. 실험 대결 때
서로 아는 척도
안 하고…….

어릴 땐
친했다는데
대체 왜
그러는지…….

세나처럼 예쁘고 똑똑한 애를
원소가 괜히 모른 척할 리 없잖아.
뭔가 이유가 있는 것 같아.

두 사람이 어서
화해하면 좋을 텐데…….

하아

쿠

무슨 소리야?
란이 너야말로
예쁘고 똑똑해!

너도 원소
좋아하잖아.
근데 왜 두 사람을
연결시켜 주려는
거야?!

콰

응......?

머뭇..

자. 잠깐!
내가 무슨 소릴
하는 거야?

고마워, 우주야~.
하지만 세나
옆에 있으면......

난 마치
화려한 공작새 옆의
참새가 된 것 같아.
난 상대도 안 되잖아.

후우..

움찔

원소네 실험반에
원소를 좋아하는 애가
있다고 해서
긴장했는데,

그 녀석과 란이를
연결시키려고 하다니……
나야말로 제정신이 아니군!

크윽!

192

193

으흐흐

네가 얼마 전에 내 실험물을 엉망으로 망가뜨려 놓았지?

그, 그, 그건 벌써 용서하기로 하셨잖아요!

제발 이제 그만 잊으시라고요!

덜덜

용서?

신종 곰팡이

하하, 우주야~!

아하하하

몇 년간 연구하던 곰팡이를 네가 섞어 버린 덕에, 신종 곰팡이를 발견했단다!

내가 그토록 정성을 쏟은 연구가 네가 친 사고 덕분에 결실을 본 거야!

무, 무슨…… 하여튼 좋은 일이란 거죠?

그럼, 당연하지!

이건, 내 일생 최고의 연구 성과라고!

쿵

역시 내 예상대로 너희는 진화와 밀접한 관련이 있어!

흐흐…

진화라면, 공룡의 진화 같은 거 말인가요?

그래, 공룡은 고생대의 어류에서 진화하여 양서류로, 양서류에서 파충류로 진화했단다. 그리고 중생대 1억 6천만 년 동안 번성하며 세상을 지배했지.

공룡은 멸종했지만 더 좋은 진화의 예로 여기 범우주가 있잖느냐!

톡

이게 욕인지, 칭찬인지……

진화, 진화~.

아, 여기 있다! 진화란 외부 환경이나 내부의 발전에 의해

간단한 구조에서 복잡한 구조로, 하등한 것에서 고등한 것으로 발전되는 것!

한마디로 진화는 발전하는 건가요?

후후, 그래. 발전일 수도 있고…….

더 굉장한 것일 수도 있지!

나의 실험은 너희가 전국 대회에 진출하면 본격적으로 시작될 게다.

특히 범우주! 넌 내 특별 실험물이야!

전 그런 거 싫어요!

아!

그래. 맞아. 우주는 실험반에 들어와서 확실히 많이 변했어…….

정말 실험 대회를 치를 때마다 계속 더 발전하는 것 같아.
오늘 실험 기구는 제가 챙길게요!
변한 게 산성이야, 염기성이야?
그게……, 풀은 메뚜기에게 먹히고, 메뚜기는 개구리에게 먹히고, 개구리는 뱀에게 먹히고, 뱀은 독수리에게 먹힌다! 이런 관계가 거미줄처럼 얽혀 있는 거 말이야.
지만이도 메모만 잘하는 게 아니라, 이제 스스로 찾아서 실험 공부도 하고…….
많긴 많지! 원소는 지난 밸런타인데이 때 초콜릿을 무려 78개나 받았다고!
하긴,
개그 실험반인 우리가 아니면 누가 이런 걸 해 보겠어?
이런 녀석까지 들어와서 실험반을 놀이터로 만드는 건 도저히 참을 수 없습니다.
원소도 처음과 많이 달라졌어…….
나 혼자만 그대로인 것 같아…….
그런데 나는…….
실험 실력도 그대로고, 원소와 친해지지도 못하고…….
두근..

꿈은★이루어진다!
상금도 반드시
이루어질 거라고!

전국 대회
출전권이라도
땄으면 좋겠다~.

이번 결선에 진출한
학교들 모두 쟁쟁한 실력이야!
금실초는 작년 도내 2위였고,
태양초는 작년 우승팀이지.

금실초

태양초

고수초

알다시피 고수초는
전국 발명 대회에서
4위를 한 학교고.
하지만 우리는…….

우린 진화 중인
실험반이니까 문제없어!

겁쟁이!

그치,
란이야~?

응……?
뭐, 뭐라고?

아, 아니야~.
내일 잘해 보자고, 하하!

응, 그래!

......

끙..

어쨌거나 최악의 시나리오는
우리가 태양초와 붙는 거야!

허홍 녀석,
아마 이를 갈고 있을걸?

허홍?!

정말 누구는
꼭 자기 같은
친구들만 있다니까!
하나같이 재수 없어!

별
떡

허홍이든 세나라는
애든 말이야!

세나가
누군데?

흥‥

‥‥‥!

확실히
말해 두는데,

그 녀석들은
내 친구 아니야.
알겠냐?

확

진짜야?
정말 친구가
아니라고?

그래, 둘 다 그냥
예전에 알던
애들일 뿐이야.

쿵

악!

세나가……,
그냥 알던 애?

멍청하긴! 지금 그걸 말이라고 하냐?

너희는 내 실험반 친구들이야. 다른 학교 실험반과 왜 비교를 하나?

헉!

아!

그래, 나도 너는 싫지만!

허흥, 그 녀석이 너보다 딱 다섯 배 재수 없더라!

그, 그래! 같은 실험반 친구…….

세나는 그냥 예전에 알던 애지만 난 원소의 실험반 친구야!

그럼 난 어때?

하 야

어라, 초롱이도 나왔네?

초롱이가 왔다고?! 저리 비켜!!

퍽

앗, 정말 초롱이잖아!

짜

잔

저, 저건 내가 준 장미!

아, 떨려~.

대단해, 강원소!
대영초를 이겼다며?

척

저 멍청한 녀석들
데리고 여기까지
올라오다니,
꽤 힘들었겠어?

착각하지 마.
이 녀석들과
실험하는 게

예전 너희랑
실험할 때보다
훨씬 좋으니까.

빠직

뭐?!

자, 모두 실험실로
입장해 주십시오.
이번 대결의 주제는……

전기입니다!

내일은 실험왕 **⑤** '전기의 대결' 편도 많이 기대해 주세요.

생물의 분류

지구 상에 있는 모든 것은 크게 생물과 무생물로 나눌 수 있습니다. 생물이란 식물과 동물처럼 에너지를 흡수하고 노폐물을 만들며, 자라고 번식하는 생명 활동을 하는 것을 말합니다. 이러한 생명 활동이 없는 것을 무생물이라고 하는데, 바위나 금속, 구름 같은 것이 여기에 속합니다. 현재 생물학자들은 지구 상의 모든 생물을 동물계, 식물계, 균계, 원생생물계, 원핵생물계의 다섯 개 집단으로 분류하고 있습니다.

동물계 스스로 양분을 만들어 낼 수 없는 다세포 생물을 말합니다. 동물은 다른 동식물을 먹어 에너지를 만듭니다.
식물계 광합성 작용을 하여 스스로 영양분을 만드는 다세포 생물을 말합니다.
균계 엽록소가 없어 광합성을 하지 못하고 영양분을 분해한 뒤 다시 흡수하는 생물로, 곰팡이가 여기에 속합니다.
원생생물계 보통 한 개의 핵을 가진 단세포 생물을 말하며, 뚜렷한 세포 기관을 형성하고 있습니다.
원핵생물계 핵막이 없고 원핵이라고 불리는 원시적인 세포핵을 가진 생물로, 생물 역사상 가장 오래된 것으로 여겨집니다.

생태계

지구의 모든 생물은 그들이 살고 있는 환경과 서로 영향을 끼치며 살고 있습니다. 생태계란 이렇게 생물과 빛, 기후, 물 등 그들이 살고 있는 자연환경을 포함하는 광범위한 개념입니다. 이 생태계에는 생산자와 소비자, 분해자가 평형을 이루며 살고 있습니다. 생산자는 물과 공기, 햇빛을 이용해 직접 영양분을 생산하는 식물과 플랑크톤 등을 말하며, 이런 생산자를 먹는 초식 동물이나 육식 동물을 소비자라고 합니다. 또 동물의 시체나 배설물을 분해하는 곰팡이나 세균은 분해자에 속합니다.

먹이 사슬(연쇄)

생태계 내의 생물들 사이에서는 서로 먹고 먹히는 관계가 만들어집니다. 이 관계를 순서대로 나열한 것을 먹이 사슬이라고 합니다. 참새는 벼를 먹고 독수리는 참새를 먹습니다. 메뚜기는 풀을 먹고 개구리는 메뚜기를 먹습니다. 이렇게 먹이 사슬 관계가 그물처럼 얽혀 있는 것을 먹이 그물이라고 합니다. 이것을 표로 정리해 보면 생산자에서 소비자로 올라가면서 종과 개체의 수가 점점 줄어드는 것을 확인할 수 있는데, 이 표를 먹이 피라미드라고 부릅니다.

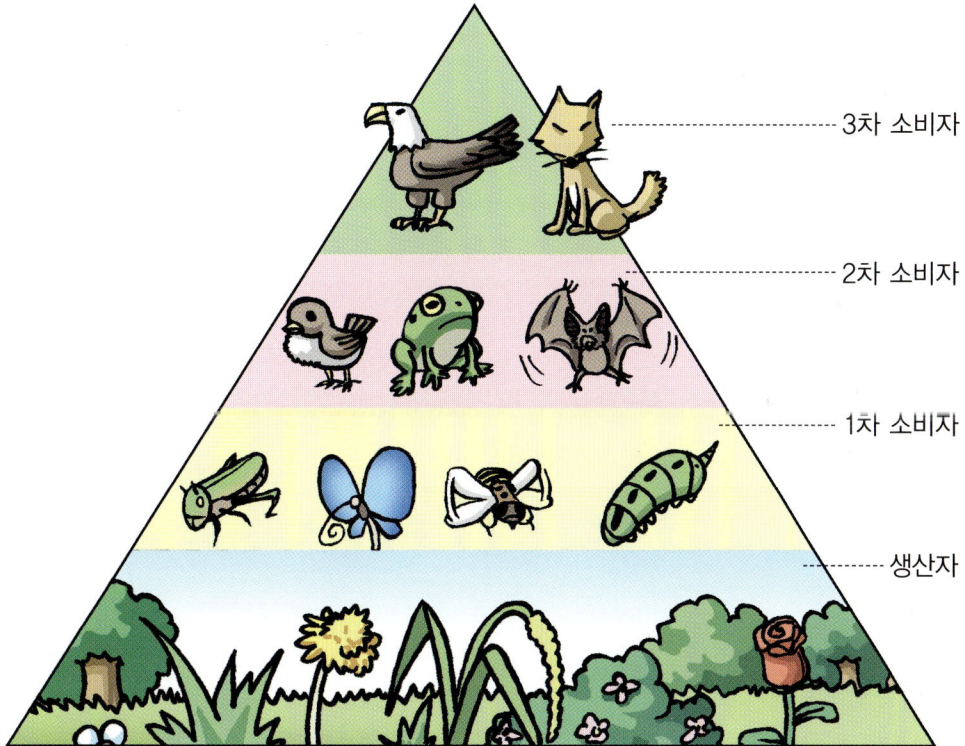

3차 소비자

2차 소비자

1차 소비자

생산자

이건, 사랑 연쇄?

생물의 분류표

대분류	소분류	예
동물계 — **척추동물** 척추를 가지고 있는 동물로, 피부가 몸을 보호하고 몸속에 뼈와 근육, 피가 있으며, 눈과 코 등의 감각 기관을 통해 정보를 얻는다.	**어류** 비늘이나 뼈로 된 껍질로 덮여 있고 물속에서 산다. 지느러미와 부레가 있고 아가미로 호흡하며 알을 낳는다.	물고기
	양서류 다리가 네 개이고 변온 동물이다. 물과 땅 위에서 살며 피부를 통해서도 호흡한다.	개구리
	파충류 몸이 건조한 각질의 표피로 덮여 있다. 외부 온도에 따라 체온이 변하고, 폐호흡을 한다.	거북이
	조류 흔히 '새'라고 부르는 것으로, 앞발 대신 날개가 있고, 알을 낳으며 한 쌍의 날개를 가졌다.	새
	포유류 새끼를 낳아 젖을 먹여 기르고, 대부분 털이 나 있다.	원숭이
무척추동물 척추가 없는 동물로, 딱딱한 외골격을 가진 것도 있고 속살을 보호할 수 없는 피부를 가진 동물도 있다.	**해면동물** 다세포 생물 중 가장 하등한 몸의 구조를 가진 동물이며, 다른 동물에 붙어 산다.	목욕해면
	강장동물 대부분 바다에 살며 촉수로 둘러싸인 입을 가지고 있다.	말미잘
	편형동물 몸이 연하고 납작하며 배에 있는 인두로 먹이를 먹는다.	플라나리아
	선형동물 부드러운 원통 모양의 몸을 가진 작은 생물로, 거의 모든 동식물에서 기생한다.	회충
	환형동물 작은 마디로 이루어진 몸을 가지고 있고 지렁이를 제외하곤 대부분 물속에 산다.	지렁이
	연체동물 주로 딱딱한 껍질에 둘러싸인 부드러운 몸을 가지고 있다.	조개
	극피동물 몸 외부로 뻗어 나온 골격인 팔이 몸의 대부분을 이루고 있다.	불가사리
	절지동물 일반적으로 몸이 작고 좌우 대칭이며 겉껍질이 딱딱하다.	개미

	대분류	소분류	예
식물계	**종자식물** 씨로 번식하는 식물을 말한다.	**속씨식물** 밑씨가 씨방 속에 있는 식물로, 외떡잎식물과 쌍떡잎식물로 나뉜다.	벼(외떡잎) 복숭아(쌍떡잎)
식물계	종자식물	**겉씨식물** 밑씨가 드러나 있고 꽃이나 꽃받침이 없다.	소나무
식물계	**민꽃식물** 포자로 번식하는 식물로, 대부분 습한 곳에서 산다.	**이끼류** 선태식물이라고도 하며 작고 푸른 식물로, 최초로 육상 생활에 적응한 식물군이다.	이끼
식물계	민꽃식물	**조류** 엽록소와 보조 색소 등이 있어 광합성을 할 수 있다.	다시마
식물계	민꽃식물	**양치류** 입과 줄기, 뿌리의 구분이 있고 푸른 잎을 가지고 있다.	고사리
균계	주로 다른 생물에 붙어 기생 생활을 한다.	**접합 균류** 무성(性)적으로 여러 가지 포자를 형성한다.	빵곰팡이
균계		**자낭균류** 유성 생식을 통해 포자를 생성하고 세포 분열에 의해 계속 칸막이벽이 형성된다.	누룩곰팡이
균계		**담자균류** 담자포자를 형성하며 유성 생식을 한다.	버섯
원생생물계	보통 한 개의 핵을 가진 단세포 생물이다.	**동물성** 운동성이 있는 단세포 동물이다.	아메바
원생생물계		**식물성** 엽록소에 따라 녹조류, 갈조류, 홍조류 등으로 나뉜다.	녹조류
원생생물계		**균류** 물곰팡이류가 있다.	물곰팡이
원핵생물계	원핵이라고 불리는 원시적인 세포핵을 가진 생물이다.	**세균류** 대부분 병원성 세균을 말한다.	결핵균
원핵생물계		**남조류** 세포막은 있으나 세포핵의 구조는 없다.	흔들말